U0165894

# 休閒美學
## ── 屬於您個人的旅遊速寫筆記

作者 許軒、曾文永　　繪圖 曾文永　　總編審 陳美燕

五南圖書出版公司 印行

生活是一幅自由揮灑的水彩畫，
彩繪出人生旅途最斑斕的風景

總編審序

陳美燕　教授

## 學 歷
..........
美國北科羅拉多大學　運動管理博士（Ph. D）

## 專 長
..........
運動休閒管理與行銷、運動休閒人力資源
管理、運動休閒消費者行為

## 經 歷
..........
國立臺灣師範大學運動休閒與餐旅管理研究所　專任教授
科技部人文司教育學門共同召集人
中華奧林匹克委員會　委員兼婦女與運動、文化委員會委員
教育部戶外教育推動小組委員
國家運動訓練中心董事
臺北市政府市政顧問
教育部青年發展署青年諮詢小組、青年壯遊臺灣委員

休閒涵蓋遊憩、愉悅、恢復精神、存在狀態、功能與時間等內涵，是一種經驗或活動的方式，可經由個人的選擇與參與，獲得歡樂與滿足的感受。亞里斯多德說：「只有休閒中的人，才可以享受幸福快樂的美滿人生。」

　　休閒是在個人能自由支配的閒暇時間，或不受職責約束的自由時間內，遠離平日工作、家庭、社會責任等束縛所從事的活動，目的係以達到放鬆心情、豐富人生、增廣見聞與社會參與，以及提升創意的功能。美學（Aesthetics）的原義是一門討論感官感性的認知學，也就是一門了解人類透過五種感官（視覺、聽覺、觸覺、嗅覺、味覺）知覺，從而感受各式情緒感受，並且延伸交織影響其他意識，進而豐富人生經驗的學問。

　　美國哲學家與教育家杜威博士認為美學的性質是來自生活經驗，美學的脈絡即是來自於人跟環境互動的美感經驗。《休閒美學 —— 屬於您個人的旅遊速寫筆記》一書，便是希望帶領讀者從休閒經驗中，提升感官敏銳度、強化對美的意識，進而累積自身美感經驗的。本書主要是透過速寫圖片的展示，以文字講述食、衣、住、行、育與樂等主題之下的旅遊景點、飲

食、住宿、服裝……如何發現與展現美的樣貌，並且探索自身在感官刺激下，所產生的各式情緒感覺。在人類所有的行為當中，旅遊提供最多的機會來改變我們的生活，重新打造自己。因此，旅遊是一種自我的探索、發現與成長的過程，代表探索人生。作者們引領讀者如何身為一位休閒參與者，經由旅遊鑑賞不同樣態的美，以及反思自我的生理、心理、認知，或是社交層面的回饋。最後，作者透過速寫技巧之章節，教導讀者如何進行速寫，並且了解如何透過速寫，運用休閒活動，提升自身美感，增進創造美的能力。書中除了以文字呈現休閒美學在不同層面的內涵外，搭配兼具個人風格的休閒旅遊速寫，讓讀者有身歷其境的美感體驗，本書實為一本值得推薦收藏並與其互動的好書！

　　本書的兩位作者在休閒遊憩、觀光餐旅、美學文化與藝術均有豐富的實務與教學經驗。本書文字作者許軒博士結合自身美學的興趣與產業實務進行結合，並且把自身學習與產業歷練的餐旅、藝術、美學、文創、資訊等相關專業知識與經驗傳承給學生，並仍持續不斷地充實自己，是一位對於美學研究充滿熱情的學者。本書的速寫作者曾文永博士，是一位從產業界

跨到學界的實踐家，曾博士在休閒遊憩、戶外教育、運動行銷上深具實務經驗，其信手拈來的速寫作品反映了作者旅遊過程中的心理歷程，本書的出版也代表他與原生家庭的和解。

徐志摩的《西湖記》中提到：「數大了似乎按照著一種自然律，自然的會有一種特別的排列，一種特別的節奏，一種特殊的式樣，激動我們審美的本能，激發我們審美的情緒。」讓我們一同沉浸在兩位作者的文字和速寫中，透過休閒帶領你進入美學旅程中！

國立臺灣師範大學教授

陳美燕 謹識

2021.04.28

# 帶上這本書，陪你一起去旅行

## 作者序

　　休閒美學係為一種以休閒為主軸，以日常生活美學的觀點，探究從中可感受到美的感官刺激、情緒或是認知反應，以及透過何種美的形式原則，可能獲得的美感經驗及回憶等相關的內涵。本書以休閒遊憩活動各層面章節進行分類，並且由許軒撰文與曾文永繪圖的圖文並茂方式編著，試圖提供讀者用最輕鬆的方式，於休閒活動時，透過閱讀本書文字、欣賞本書圖畫，獲得美感體驗。

　　依序展現每一章節與旗下主題之內容。透過速寫圖片的展示、文字講述，於各主題之下客體（旅遊景點、飲食等內容）如何展現其美的樣貌，以及身為休閒參與者，如何鑑賞它的美，以及可能獲得的生理、心理、認知，或是社交的回饋。最後，透過速寫小技巧之章節，教導讀者如何進行速寫，並且了解如何透過速寫，運用休閒活動，提升自身美感，增進自我美學能力。

2021.3

# 目　錄

總編審序 / 3
作者序 / 7

PART 1
## 休閒美學 / 10

PART 2 / 22
## 食

小吃 / 26
餐廳 / 29
飲料 / 34

PART 3 / 42
## 衣

戶外休閒 / 44
正式服裝 / 50

PART 4 / 52
## 住

旅館 / 55
露營 / 60
民宿 / 68

PART 5 / 76

行

陸 / 80
海 / 90
空 / 97

PART 6 / 102

育
&
樂

美術館、博物館及藝術品 / 106
人文 / 124
自然 / 182
都會型娛樂 / 204
藝術創作 / 210

PART 7

速寫技巧 / 214

參考文獻 / 228

世界是本書，不從旅行獲得充足，
而是為了心靈獲得休息。
　　　　——古羅馬政治家　西塞羅
　　　　　　（ *Marcus Tullius Cicero* ）

# 休閒美學

休閒是一種無需於工作，或是其他環境外在壓迫之間暇時間的一種相對自由的情境狀態，且在這段期間個體可以去從事、執行各式發自自我強烈動機、偏愛，或是覺得值得的活動與事情。希望獲得的反饋，包含生理、心理、認知與社交等。美學，則是包含探究被觀賞的客體為何為美、如何達到美的境界；以及觀賞的主體本身經過感官感受後，進入產生的認知情感，與進一步會產生的回憶，或是行動反應等一連串過程，兩種概念都是非常廣泛且有深奧的學問於其中。不過休閒部分非功利性行為，與美學探討中常提及的無目的之合目的性有其共通點；在休閒過程中，沒有緊迫壓力下，人們也更能靜靜地感受美、欣賞美，並且同步舒緩自己的一切機能等。所以考究休閒中的美學，勢必對於整體休閒目的或休閒產業的經營，有所幫助。讓從事休閒活動的人們，透過休閒累積自己的美感經驗，進一步提升自己的美感；讓從事休閒產業的人們，更懂得考量各式美的元素對於整體顧客休閒體驗的重要性，以達到提升旅客難忘的回憶，進一步強化其回頭消費的機會。

　　以當代日常生活美學的觀點來看，休閒美學亦如同觀光餐旅美學、餐飲美學、會展美學等，撇開僅使用美學作為行銷用語的不提，其實都富含著探討領域中

美學的成分，以及應用美的設計提升整體產業品質與價值之可能性。不過，不學習美學、設計或是各式延伸相關的學問，僅仰賴經營者自我的主觀美感，多多少少還是會較難與消費者達到共鳴，尤其整個美學典範已經走入當代五感皆重視的情況下，其中的複雜性與需要考量之因素也愈來愈多。因此，休閒美學的學習，是必要且更有助於提升產業品質，並且有著提升創意創新的機會。

　　美學從希臘羅馬時期就開始不斷被哲學家給探討，不過美學一詞乃至德國哲學家Alexander Gottlieb Baumgarten於1750年出版的 *AESTHETICA*，才把美學此一學問給定義下來並獨立出來。過往很多人認為，探討美學時，往往只有看起來美的東西才被認為是與美相關的。不過，美學（Aesthetics）一字是Baumgarten修正延伸自希臘文的αἰσθητῐκός（aisthētikós）而來，原始一字的含義辨識探討感官感受與感性的學問，相對於過往僅探討腦中理智的學問有所區隔。過去對於美學的探討中，有一大部分是以藝術為主，且過往藝術多半係以物理性接觸刺激的感官——視覺、聽覺為主，這也難怪當代人會形成以看到的東西是美的，形成對於美學的偏差想法。然而，回到Aesthetics這對於人類感官感受的原始意涵來看，

自然而然人類五感延伸的感受必不可少，接續所引發的情緒、認知等一連串反應，都會是必須去討論的學問。不過，美學這兩個字的翻譯是承襲自日本的翻譯，這兩個字也很符合華人希望能「內外兼具」的思維：又美又有學問，所以當然這麼美的字眼，會被大家偏離本質而應用在各式各樣的地方，也是她本身的原罪了。

美學的探討除了人事物（被觀賞的客體）為何美之外，當然還有觀賞者，也就是主體感受到的美的感覺等內涵要討論。像是討論到被觀賞的客體時，就會考量到客體的顏色、點、線、面、體、造型、形式原則、節奏、旋律、氣味分子、酸甜苦鹹鮮油、酥脆、滑順等等，有非常多元素要考量，而且每個元素下還有非常多細節層次，像是最基本的顏色三要素就包括：色相、飽和度、明度，然後進一步探索，還會延伸各式各樣不同的顏色命名、色彩系統、配色方式等知識資訊需要了解。

接著，組合各元素時，可以依循的美的形式原則，包括像是協調、反覆、對稱、平衡、對比、比例、一致等等，也不是單一考量就足夠的，多半都是需要彼此搭配融合應用的。而且，這些原則有時還不是遵循了，就會產出最美的作品。例如我們平時出遊拍照時，左右

上下對稱的原則對我們來說是最簡單，我們一般沒有學過拍攝技巧的人，藉此就可以達到美的狀態。但是，往往真的最美的作品，反而是那些非對稱的平衡，就像構圖中的「物物不等距，變化就是美」原則，過於「守規矩」的構圖，雖然不會不美，但是就缺乏變化，反倒失去趣味，相比之下就不是最美的結果。

另外，各式元素透過組合，也就會形成不同風格與流派主題，例如常見用於平面、服裝等設計時運用的曼菲斯（Memphis）風格，其中就有三種組成特點，包括運用大量的幾何結構圖型、採用能帶來活潑且歡樂感受的顏色，以及應用各式元素時採用隨機、沒有特定規則等特質。所以，特定的元素、組合的方式、形式原則等，便可以形成特定的主題風格與內容。音樂、菜餚、服裝等其他不同感官特質的美所產出時，也會隨著各式元素、形式原則上的部分相似特徵，而形塑特定的風格與主題。

另一方面，觀賞客體的主體對於美的感受，以及其餘的延伸效果，也是重要的討論議題。想想看，通常你看了、聽了、聞到了、吃了、摸了什麼人事物後會講出或在腦子浮現出例如像是漂亮的、具有吸引力的、愉快、看起來不錯、好好聽、好好吃、好好摸、很美等字詞，這都有可能是你接受到具有美的品質特

徵的客體後的感覺。不過，其實這是主體在接觸客體後，一連串複雜的連鎖反應而來的。我們從人類色彩感知能力中包括生理（血壓、脈搏、神經系統、荷爾蒙）、眼睛裡（例如瞳孔、視網膜的化學反應）、認知（記憶、價值判斷）、心情（開心、放鬆、憂鬱）、與過往印象的相比（似乎更大、更年輕、相比較新、較舊）、其他的聯想（自然界、科技、宗教、文化、典型或非典型）等等，就可以知道一個主體探討與美感相關的事物之複雜程度。

過往研究提出的美感體驗模型，把一個接受美的刺激後一連串的流程給描繪出來。在主體觀察客體後，於個人內在會影響兩條路線，一條是情感部分；另一條則是認知部分。情感的部分為很直觀性的感覺，不過隨著這個美的刺激在腦中進行認知分析過程中，例如這個刺激物的美的形式原則、是否具有熟悉感或是特定典型特徵、刺激物的內容與風格、和藝術美學與個人之間的關係與連結、是否能被理解，以及能否帶來滿足或是愉悅感等等分析過程，加上過往經驗以及個人偏好、品味、先備知識的影響等複雜的過程，而且同時以會持續影響主體的情感評估，以致於最後才產出審美判斷以及美感情緒等等。然後，其實審美判斷還分成具象型、分析型、象徵主義型和情感型的審

美判斷風格；而美感情緒則有更多的種類，包括正面的情緒像是喜悅、幽默、愉悅、喜歡、放鬆；負面情緒的例如無聊、排斥、悲傷、恐懼、混亂感；敬畏的情緒包括像是優秀完美、懷舊、迷人；其他還包括像是驚喜、感動、著迷、被吸引、衝動、需要動腦的、讓人產生智力洞見的等等。

最複雜的是如同前述提及的美感體驗模型中指出，這些過程彼此牽動彼此，不僅是過去影響現在，現在的部分分析判斷認知也會影響現在，未來理所當然也會受到現在的影響。例如：我們對於光滑、精緻衣物所留下的高級、昂貴的印象感受，在我們用視覺挑選甜點時，若是看到相同光滑、精緻的甜點，也有可能帶出既定的該物品會比較高級、昂貴的想法。又或是先前研究指出，聽到比較輕鬆、愉悅的古典樂時，食物選擇會偏向輕食；而聽到大聲的重金屬音樂，就比較容易選擇油炸類的食物等。所以，感覺的影響是非常多元且繁雜的，學習這方面的學問就是讓自己知道感受到的美感、好吃、好漂亮、難吃等等，到底是怎麼而來的，要能進一步去分析、抽絲剝繭，不但了解自己，同時也提升自己對於美的素養。再者，因為我們每一個人生長與人生脈絡不同，所以我們如何看待世界會影響我們所看到的事物，我們對事物的看法也

有所不同。我們受到美的客體刺激後所產生的認知與情感，通常牽扯到我們個人情感和看法等心理層面；我們從原始生長文化、教育等經驗中學到什麼；以及此客體與我們所處周遭的實體環境。所以，其實美學是相對沒有對錯的一種學問，只有不努力以及不學習才是錯的，而有自己的偏好、判斷、觀點都是在此學問下被鼓勵的。

不過，記得無論是過往研究客體為何為美、或是主體的美感為何等，這些都是無法被單獨切割的。先前研究指出與美感有關的愉悅感包括多樣化、和諧，以及簡約的概念。例如多樣化的部分，主體可以透過品嚐一道具有多樣味道，但是調和精美的菜餚獲得如此體驗；葡萄酒隨著時間變化而有不同的色澤、香氣及口味，因此多樣的變化，帶給品嚐者一種愉悅的感受。和諧的部分就像是當不同的元素，如蘋果、奶油、肉桂和糖分，在適度且適量的分量配比下被整合，製作成為協調的蘋果派口味；以及像是豐富的旋律、樂器整合成一首協調的樂曲；或是繪畫中各式的元素最終整合成為一幅看起來非常協調的畫。最後，簡約的部分，則是客體帶出輕盈、優雅，並且展現出本質的感覺，而讓主體感覺愉悅。上述總總，都是客體與主體之間不斷地互動交流下才有的結果。

再者，過往傳統美學思維中，無論是西方美學的範疇，喜劇、悲劇、美、崇高、醜、荒誕等；或是華人美學的範疇，氣、意象、意境、餘韻、餘味、虛實、和諧、平淡等等。這些都須仰賴對應相對特質的元素、形式與原則所創作出的被用來鑑賞的客體，主體才可能感受到相對應的感覺，並且覺得這是符合喜劇、荒誕，或是和諧的狀態的。因此，從客體與主體兩方角度分別去感受、思考休閒美學，將會是真正從休閒活動中，習得美感、獲得美感經驗，又或是了解美的形式原則的最佳取逕，而美感體驗也是基於主體與客體交互流動後逐漸累積而來的。

　　不過，不管過往的美學或是現代的美學為何，美學大師蔣勳就曾提及華人講的「品味」、西方人講的「taste」，還是得回到食衣住行等生活中，方能真正浸染到美的世界中。所以，感受美、習得美的環境與場域，仍然是最重要需要考量的一環。自從體驗經濟的概念以來，如何形成一個能讓顧客回憶並回頭的體驗，已成為許多企業組織視為非常重要、必須納入考量的一環。美學就是四個形成一段體驗中的重要項目之一，尤其延伸到後來新的享樂主義消費型態下，感官以及需要獲得美感的需求就更被強化與重視。因此，尤其對於更高著重於享樂需求的休閒環境下，美

的考量自然不在話下。

　　若想要透過獲得顧客感受到美，並且創造一種難忘的體驗，則透過美的體驗設計，便是很重要的。例如：多多考量體驗過程中眾多的服務接觸點，或實體物品的一種或多種能創造美感的感官刺激，包括像是使商品看起來很美麗、發出悅耳的聲音、觸摸起來讓人覺得很有質感、聞起來很香、很可口等等。像是先前學者就已經提出全面性的美感體驗設計模型，就是整個涵蓋所有環境中五感會感受到的美的刺激元素，並且促使其達到協調的形式，進而引發消費者的愉悅感受等。

　　所以，無論是身為一位休閒活動的提供者，了解如何從五感下手去設計創造出能對使用者有所刺激，並形成能留下回憶、創造回頭消費的事物；又或是身為休閒活動的參與者，了解如何從休閒活動中獲得各式美感的刺激，以獲得休閒的目的，甚至提升美感經驗等，休閒美學的了解與探討都是不得缺乏的。

## PART 2

食

有時候假期中最棒的食物會出現在你的計畫落空時。

——名廚 安東尼‧波登（Anthony Michael Bourdain）

休閒時的飲食不再僅是功能性考量，飲食不再只聚焦於功能性的填飽肚子、注重營養以滿足身體能量所需。更多的是，透過整個餐飲實體環境、餐食與服務、員工、其他顧客等美感刺激元素的感受重要來源，來認識地方美學與文化。用心的消費是可以從中獲得精神上的愉悅感，甚至從中習得新知，或創造正向的社交情境等。中文文字中的「美」一字由「羊」與「大」組成，羊大則肥美，且主要作為膳食使用。其中，許慎的《說文解字》中也提到美的其中一種意思是「甘」，甘是五味之一。中華文化早年就已指出五味調和的重要性，例如《禮記・內則》中就提到酸、苦、辛、鹹、甘等五味，且當這人們品嚐這五種味道時，獲得如同美的愉悅感時皆稱甘。雖

台灣，桃園龜山，燒鳥串道

然與當代科學研究發現中的人類味覺的酸、甜、苦、鹹、鮮，以及 2015 年發現的 Oleogustus ── 油脂味，所形成的六種味覺有點不同，不過，至少從上述可得知，中華文化底下美與飲食間的強烈連結。

　　餐飲是最有機會帶給人類最多重感官，獲得美好感受體驗的場域。不過，各式各樣不同的餐飲型態，其所提供的價格、內容、經營方式等不同。身為消費者的我們，也還是要能理智判斷，哪些情況下我們只需在意入口餐食飲料的氣味、味道、質地口感，哪些情況我們才需要考量更多視覺與聽覺、接受到的資訊。否則，在放鬆休閒過程中，因為一開始的認知錯誤，導致期望過多，也無助於真正達到此一活動的目的。

美感速寫 *Aesthetic Sketches*

# 小吃

　　台灣料理中，小吃占了很大分量，多年積累的手藝、專注聚焦於提供美味食物的小吃攤，讓旅客在設備簡單的空間中，專注享受著口腔中味覺、口感、鼻後嗅覺獲得的刺激，並進一步相融合，以達到美好的餐飲體驗。

　　府城食府擔仔麵應該算是台灣最具代表性的小吃美食之一，尤其是那最傳統的小攤販形式。當你坐在老闆面前，看著小火熬煮的肉燥小鍋冒著白煙，隨之散發出迷人的香氣，光看光聞就餓了。接續，當老闆流暢地盛放完擔仔麵，然後端到客人眼前時，冒著煙、熱騰騰、香噴噴的擔仔麵，包含了視覺、嗅覺的饗宴，接續整個入口後味覺、鼻後嗅覺以及口腔內觸覺所帶出的口感，真的是一整系列的五感享受。再加上，用心調和的口感，心中滿足與愉悅感受，油然而生。誰說吃東西不是一種獲得美感的經驗？

　　拓印是許多景點用來為了讓遊客留下記憶點的常見做法。若以拓印為基底，延伸加上自己對於該景物的觀察與想像，使拓印不再只是無聊的集點工具，還增添了更多的回憶。以下府城食府擔仔麵的繪圖中，就是在原有的拓印 —— 一名煮麵的廚師上方，加上了

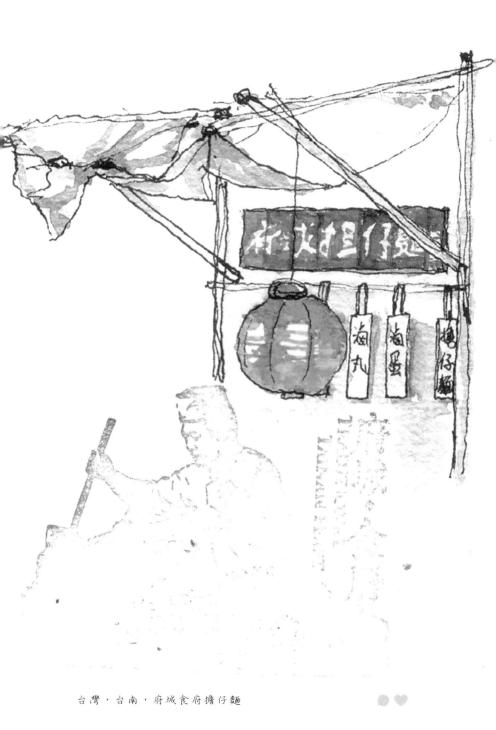

台灣・台南，府城食府擔仔麵

擔仔麵攤位的支架、招牌、裝飾與菜單等。看著黃黃的木頭支架、遮蔽太陽與下雨的布棚、凌亂的線、紅色的圓形燈籠，以及標示了擔仔麵、滷蛋、貢丸的菜單等，都是中華文化與台灣小吃文化中常見的符號。看到它們，便勾動起人們對於台灣街邊小吃、夜市小吃等的回憶與印象。透過如此延伸性創作，利用美的元素帶動自身的創意所形成的產出，也是一種學習美學，可以延伸獲得的創造力素養唷！

美感速寫 *Aesthetic Sketches*

# 餐廳

　　有別於小吃的親民，當休閒中的飲食進入了餐廳後，就更有機會累積與體驗更多或全面感官的美感經驗。畢竟，餐廳場域中，經營者更有機會於可控制的環境內，掌控與設計視聽嗅味觸等全面的感官刺激。除了餐食飲料的視聽嗅味觸的美的形式原則之考量外，其他在餐廳中會透過感官知覺到的元素，包括像是整體空間氛圍營造、播放的音樂、服務人員用字遣詞與音量聲調、餐桌、器皿、桌椅，甚至其他用餐賓客的服裝儀容、行為舉止等等，若是都能達到協調的情況下，便有機會從餐廳中，獲得良好的美感體驗。甚至，有時在和諧情況下，餐廳老闆於整體餐廳美感體驗上，進行了一些對比或是新奇的設計等，更會讓顧客留下難忘的回憶。從近年獲得米其林指南評鑑以及 The World's 50 Best Restaurants 等餐廳的熱門程度，即可得知餐廳對於人類休閒活動的重要性，其中也可探索出許多同時顧及顧客全面感官感受，所達到符合的美的餐廳之重要性。

　　以下圖片描繪位於台北市的 Embers，是一間以台灣為主軸設計的餐廳，餐廳運用許多台灣元素符號所構成，包括台灣在地建材、裝飾物，及傳統建築工法中榫接工法等來傳遞台灣特色等等。

台灣·台北·Embers 餐廳

## 美感速寫 Aesthetic Sketches

菜色部分更是展現台灣味，包括融入台灣獨特的原住民部落氣味、創造出具有台灣特色的食物造型，以及運用台灣的食材。像是下圖 Embers 菜色中，檳榔（台灣口香糖，是台灣傳統文化常見的）、醃魚（泰雅族人用來展現宴客誠意的傳統美食）、地瓜（地瓜形狀與台灣地形相似，過往也會被用來作為台灣人的代號）、構樹擂茶（常見的街道樹——構樹以及台灣客家文化常見的擂茶）等等。創辦人兼主廚的郭庭瑋就是在餐廳中透過各式各樣的實體與抽象的台灣元素、精神、意念等，述說著他的台灣經驗，並且把他的作品呈現給每一位消費者，讓大家不但享受美味、感受台灣氛圍外，也不斷從認知層面刺激與傳遞著「台灣」的故事。

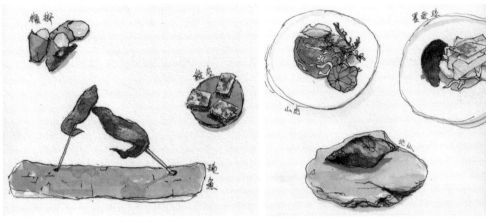

Ember餐廳的菜色

## 感官體驗筆記 *note of sensory experience*

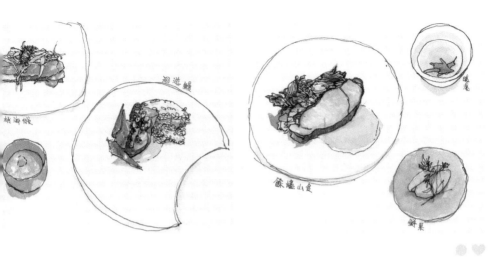

桃海鰻

迴遊鰺

酥燒山食

晚香

蘋果

sight, hearing, touch, taste, and smell

# 飲料

　　台灣的飲料文化聞名世界，其中珍珠奶茶以及許多進軍國際市場的台灣飲料連鎖店都是最好的證明。這樣豐碩的成果，也歸咎於華人自古至今對於飲食上的追求與注重。但是，到底飲料在休閒活動裡頭，關於「美」的這件事情上扮演的角色為何？

　　上班前一杯早餐店的奶茶、中午午餐搭配的飲料、下午團購來的手搖飲、晚上回家又隨手帶了一杯飲料。台灣市場對於飲料需求之大，形成大規模的飲料商機，也創造出各式各樣不同的新調味飲料以及新飲料品牌。新穎、變化，也就是我們人類對於美的多樣化需求的一種證明。然而，我們在不同時間對於飲

台灣，台中，旅行喫茶店

料的需求又不太一樣，例如一整天上班過程中，通常下午時總是有人會想叫一杯飲料，透過這一杯飲料來紓解工作大半天的壓力！的確，看著杯子外頭冒出水珠所傳遞出的一種沁涼感，進一步插上吸管後猛力一吸，冰涼的口感、奶與茶協調的味道，以及 QQ 的珍珠口感，真的能讓你於多感官的刺激下，瞬間帶你脫離了原本緊繃、煩躁的公事，專注在這多變卻協調的感官感受，與工作時火大情緒相對的冰涼、和剛硬工作相對的軟 Q 等，透過對比差異的感官刺激，透過帶你進入不同情緒，達到紓壓的效果。所以，飲料店真的是短暫休息時，只需要相對低的成本，就可以達到振作自己的一種美味，難怪飲料店年年都如雨後春筍般地於街頭各處冒出。

## 美感速寫 *Aesthetic Sketches*

93巷人文空間

台灣，台北，93巷人文空間咖啡館

2020. 2 .15

感官體驗筆記
*note of sensory experience*

酒

此外，另一種於休閒中常見的酒精性飲料，包括各式各樣的酒類，如啤酒、葡萄酒、威士忌、雞尾酒等等，帶給不同品味的消費者於各式不同的場合、目的飲用，以獲得他們想達到的目的。我們先講最終的效果，當酒精程度到達一定程度時，人們會在情緒感受、認知感受上達到與現實脫離的感受，當然，也有很多人喝酒時於功能性的考量，就是為了求喝醉！但是，其實品酒也是一種重要美感經驗的累積，例如葡萄酒品評過程中，除了認知上對於酒廠、葡萄品種、釀造學、風土等認識外，再透過感官感受觀察酒痕，放入口中後，確認其是否已充分地進行醒酒的作業，感受酒不同層次的氣味、口感等，接續配合著相對應的酒食等等。不過，回

到入口前，另外還有個很重要的關鍵因素——酒杯，酒杯的形狀、重量、材質等等，都會直接與間接影響到上述所提及的後端品酒感受！所以，休閒活動中，以品酒作為一種美感經驗累積時，絕對不只是感受喝醉而已，中間有非常多不同感官感受間的刺激，並追求其協調、多變、重複等美的原則的學問於其中。因此，練習自己辨別在日常生活美學旗下的嗅味觸之品味美感時，飲料會是個好幫手。

美感速寫 *Aesthetic Sketches*

sight, hearing, touch, taste, and smell ▲ ⋯⋯⋯

雲林．莿桐．裕農酒莊　2020. 1.26　Willia

台灣，雲林，裕農酒莊

感官體驗筆記
*note of sensory experience*

時尚會褪色，風格才是永恆。

　　——法國時尚設計師 伊夫・聖羅蘭（*Yves Saint Laurent*）

Lothim 2021.3

## PART 3

衣

休閒活動中，衣著的選擇絕對是非常重要的整體休閒美學考量之一。相信大家常常看到電影或是電視劇，又或是身邊的親朋好友們穿出不得體、不適合的衣服吧！這也是人類美感感受中，看到人的穿搭衣服與整體環境不協調時，我們就不會感受到愉悅。例如，大熱天戴著毛帽、穿著貂皮大衣；又或是穿著高跟鞋去爬山或到海邊玩水！毛帽、貂皮大衣、高跟鞋都沒有沒有錯，但就是與環境的不協調，會讓其他觀賞者造成情緒與認知上無法認同且覺得不合邏輯的感受。

# 戶外休閒

戶外休閒的服飾過去總是讓人停留在中性、粗獷、耐操、功能取勝的刻板印象，但近年來在人們追求美的思維中，戶外休閒服飾逐漸將功能性與美感結合，甚至走向時尚的舞台，國外各大品牌更是針對愛美與講究舒適的女性市場，推出女性專屬戶外服飾品牌，不僅大幅收服喜愛戶外的女性消費者，更吸引非戶外，但喜愛居家休閒的消費者。戶外休閒活動時，涼鞋包括了舒適、排水等功能性外，其外型帶給周遭人們休閒感，就是與從事此一活動時，個人與環境達到和諧目的的重要元素之一。

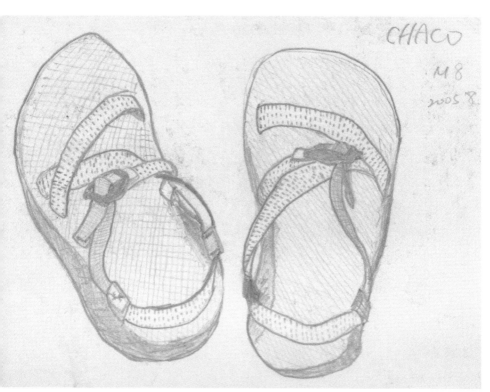

CHACO

M 8

2005 8

美國，Chaco Z1 凉鞋

## 美感速寫 Aesthetic Sketches

所謂人要衣裝，過去戶外休閒服裝並不考究外型，穿著戶外服飾總讓人有總「上不了檯面」的偏見，也讓一些愛美的女性望山卻步。國外戶外休閒服飾大廠如The North Face、Patagonia等，在拓展市場的過程中，除了專業戶外消費者外，更將市場涵蓋到一般都會人口，因此在外型必須符合一般大眾的美感，穿著專業戶外休閒服飾走在都會中，一點都不顯得違和。許多大品牌也會以聯名款的方式，使用機能布料與流行品牌做結合，尤其以美感著稱的日本，包括The North Face等大廠都與日本廠商推出日標商品，日系商品大膽的用色與別出心裁的設計，更擄獲不少追求流行的年輕人。

美感速寫 *Aesthetic Sketches*

Haglöfs RYGGSÄCK NO1
瑞國旅行背的後背包
限量1000pcs.
我的編號：417
Made in Sweden

瑞典，Haglöfs，Ryggsäck No 1

4cm webbing
100D Nylon
Big Mouth Water-tight Zipper
Gear Loop
ARC'TERYX
Cierzo18
Stow Pocket
210D Nylon
2cm webbing
ARC'TERYX CIERZO 18
265g NT$2500
Made in Philippines

加拿大，Arc' Teryx Cierzo 18

台灣‧台北‧登山友商店

感官體驗筆記
*note of sensory experience*

# 正式服裝

　　不管於什麼場域從事休閒活動，個人衣著上的考量，除了是自身禮儀、美感上的表現外，對於整體環境上美的營造來說，也是重要的一環。尤其是正式的穿著，多半都是有許多資訊可以比照學習的，因此，正式場合所需要的正式服裝表現，包括髮型、妝容、飾品、衣褲、鞋子、襪子、包包等，整體是否達到符合正式的標準，以及色彩、材質、剪裁等彼此協調性等，都是非常重要且需要被考量的。

美感速寫 Aesthetic Sketches

Dress Code

正式穿著

每個人都是自己的命運建築師。
　　——古羅馬歷史學者、政治家

　　　沙拉斯特（*Sallust*）

## PART 4

# 住

William
2021. 3. 28

住宿也是休閒活動中的一種重要考量，現在很多旅遊的形式是為了走訪各種美麗、具有特色的旅館，目的地以旅館為主，然後再以周邊景點增加整體休閒活動的豐富度。住宿從整個旅館外觀建築與環境間的融合與協調性，還有像是旅館的高度，會影響其從內往外看風景的視野，還有房間窗外風景是面山、面城市、面海等，這些都是讓你在飯店休息時，獲得不同感受的重要根據來源。另外，房間內的床的軟硬舒適程度、備品使用的品牌與香氣、家具的使用等，再再影響了整體入住後美的感受，因而會進一步影響到情緒，甚至住宿品質與後端回憶等等。因此，從美學的觀點來看休閒中的住宿，也絕對不只是住一晚有睡覺就好，整體旅館是否能提供給消費者獲得美感體驗，整個顧客體驗旅程中，每一個實體與非實體的接觸點，都是非常重要並必須考量的美學觀點，進一步創造入住旅客於美感體驗的目的。不過，當然除了傳統的旅館外，民宿、搭帳篷露營等，也都傳遞著不同的住宿體驗，每一種在乎美的程度與方式也就是一種，有的是以特色、文化為主軸；有的則是以與自然界最靠近的方式達到住宿效果的方式，所以如同前面餐飲章節所提，在不同環境與種類下，對於美的要求與能獲得的結果是不一樣的，愈能懂得不同細節的區分，其實也是愈能展現自己具有素養、水準與品味的表現。

# 旅館

　　旅館算是一種各式各樣人事物聚集呈現的一個單位，尤其過往消費者對於像是四星級、五星級等旅館會有一種代表高尚高端的印象，所以各式各樣美的考量，是不得不好好講究的。尤其，旅館中，也是一個兼顧提供視聽嗅味觸五感美的刺激的地方，所以像是現代國際許多知名旅館，於講究完視覺的營造與設計後，開始針對嗅覺、聽覺進行設計，推出旅館限定的香氛噴霧，而且氣味還對應到旅館所在位置的特色；聽覺部分則是推出該品牌專屬音樂等等，企圖提供顧客更多元的感官刺激（而且是與該環境各式各樣元素相協調的美的刺激），讓旅客退宿後帶走美好的回憶，以期下次再度光臨。

位於日本長崎縣的蘿拉美人旅館（Hotel Lorelei），外觀仿造城堡建築所帶出的西式建築感受，讓你瞬間以為到了歐洲。不過，裡頭同時具備日式、西式風格的房間，還有提供著重天然溫泉的設施，刺激著你的感官，把你拉回東方世界。休閒活動中，旅館是一種最容易透過美感體驗設計，刺激旅客的五感，然後創造遊客不同的情緒與幻想。像是蘿拉美人旅館位於本來就很具備歐風的日本長崎豪斯登堡，外型上的歐洲風格，可以讓整體環境達到一致性，所以會讓旅客抵達此區域時，彷彿像是到了另一個區域一般。當然，進入飯店後的歐風裝潢，透過仿歐洲用色、形式、建材等等，更帶出一種美的感受與驚喜感。

## 美感速寫 *Aesthetic Sketches*

日本・佐世保・蘿拉美人旅館

另外，位於台北市劍潭山的圓山大飯店是國內具有歷史性與地標性的五星級飯店，就如同上述所提，圓山飯店早年僅接待國內外政要人士的歷史，加上其展現傳統中華文化的建築與室內設計，包括後來改建後為具有歇山式屋頂的14層宮殿式建築，且展現炎黃子孫是龍的傳人的眾多龍形雕刻等特徵，使其成為著名景點之一。因此，開放一般民眾入住後，總是吸引著國內外旅客前來參觀、用餐、舉辦大型宴會等等。

台灣，台北，圓山大飯店

感官體驗筆記 note of sensory experience

圖4
飯店 William
2020.12.5

sight , hearing , touch , taste , and smell

# 露營

　　最靠近大自然界的一種住宿方式 —— 露營，從最傳統的簡單搭帳的方式，到後來講求美感造型設計的豪華露營Glamping，整個露營也從功能性的考量轉往美的考量了。傳統的露營，原本僅是講求攜帶簡單的起居用品，與大自然親近，回到人類原始時代的那種生活趣味（一種人造與自然間的對比）；不過，當露營慢慢在休閒活動主流化時，傳統與自然接近的需求雖然存在，但是也被淡化，人們還是想要在感官感受上獲得享受，所以功能與外觀並重，並且提供完善的水電、衛浴設備的人工營地，也不斷逐年增加。而且，許多提供露營的營地之規劃，也愈顯精緻，人造物又再次戰勝了自然。

　　再者，早期帳篷顏色主要仍以功能性考量，多半以藍色或黃色為主；不過，當代的色彩愈顯多元與豐富，甚至更講求個人化或是主題性的呈現，例如萬聖節、聖誕節或新年等。帳篷已經不再只是供人睡覺的地方，反倒像是衣著打扮一般，是讓露營者展現自我風格的機會。另外，露營除了享受大自然與人際交流外，因為少了許多人造的娛樂，烹煮成為最主要的樂趣所在。不像早期在地上生火，用大鍋子、麵條與罐頭煮個大鍋麵，三餐都自己解決。更講求美味的現代人，露營時，也想

要好好享受一下餐飲帶來的美感感受，以獲得平時忙碌辛苦後的犒賞。現在的營地有水槽、冰箱、電，甚至許多露營者在露營時的餐食饗宴，都大大勝過於平時生活的餐食。而且，就像近幾年也很流行的野餐一樣，許多人為求美觀，還會帶著系列餐具與擺飾，讓露營棚裡的餐桌彷彿就像是居家雜誌拍攝現場一般美麗且讓人驚豔。

　　另外，露營時與自然界的交流，雖然隨著主流化，失去了許多原始的特點，但是好的風景，仍是不能少。許多營地都各自有特色與優勢，占據好位置的營地可從山上俯瞰山下的市區「百萬夜景」，宛如寶石般閃閃發亮；當然，也有靠近風景區的營地，露營與觀光一舉兩得。位在苗栗的土牧驛營地就像梯田般一層一層排列，讓不同的團體有獨立的活動空間，在戶外美景的視線上也不容易相互干擾，綠油油的草皮讓人有種徜徉在大自然懷抱的舒適感；營地除了基本的衛浴設備與水槽外，沒有太多的人工設施，但是有民宿可以讓不習慣睡帳篷的人住宿，讓人可以享受露營的便利，也可以沉浸在大自然的氛圍中。

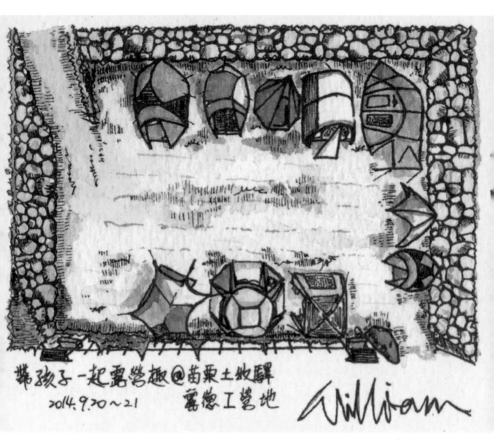

帶孩子一起露營趣@苗栗土牧驛
2014.9.20～21　露德工營地

台灣，苗栗，土牧驛營地

## 美感速寫 Aesthetic Sketches

三峽 日東山莊
Camping 2017.11.12

William

台灣，三峽，日東山莊

美感速寫 Aesthetic Sketches

台灣，坪林，大溪地野營

感官體驗筆記

*note of sensory experience*

台灣，南澳，那山那谷露營區

感官體驗筆記
*note of sensory experience*

# 民宿

　　民宿是一種得以親近當地人文風情的住宿型態，但此處就不是指刻意裝潢成提供住宿旅客抽離當地人文自然風貌的特定主題風格的民宿。因為，該類民宿要提供的與傳統民宿概念比較不一樣，特定主題風格民宿想提

宜蘭．聖荷緹民宿 with Chris Family
2019. 4. 18

供給旅客的是一種跳脫日常生活、跳脫現實，又滿足旅客想要沉浸其中的期待，所裝點打造出來的類型。不過，以傳統民宿或是airbnb的原始定義來看，就是將自家房子內多餘的空間整理出來，提供給到訪該地並且有住宿需求的消費者。這樣的空間設計與裝點多半是展現當地人的特色，表現主人的喜好與風格為主。投宿其中除了可以了解當地人住宿風格外，還可以透過與主人間的互動交流，甚至一起共食，把傳統的休閒活動提升到更深層了解當地文化面貌之層次。

## 美感速寫 *Aesthetic Sketches*

　　因為，無論是主人提供接待你的方式、和你聊天的內容、介紹你去的景點、提供給你品嚐的膳食、為你打點的房間與床鋪等，都是一種反應當地文化又或是主人認為的殷勤款待的方式。當然，跟著不同的人一起生活、渡假也是一種充滿刺激與挑戰的經驗，尤其這種與平時自己生活的反差，又或是相比過往較常體驗到的過於「觀光化」的休閒渡假模式，因為有明顯的差異，反倒更能留下難忘的渡假記憶。

### 美感速寫 *Aesthetic Sketches*

桐顏桐雨民宿　Room 桐顏A

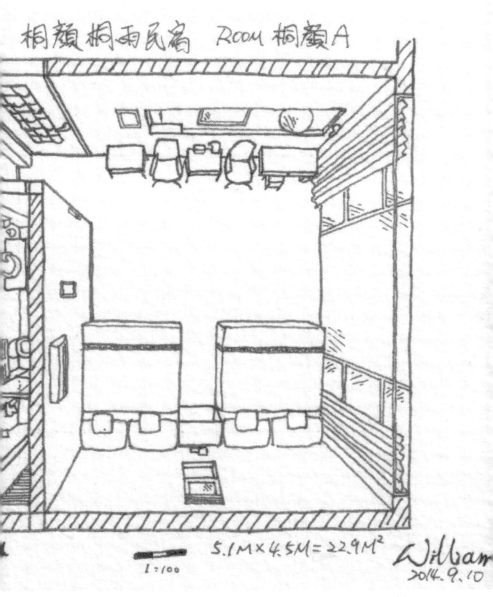

5.1M×4.5M=22.9M²

William
2014.9.10

1:100

台灣‧苗栗，桐顏桐雨民宿

台灣，九份，八番坑民宿

# 感官體驗筆記

*note of sensory experience*

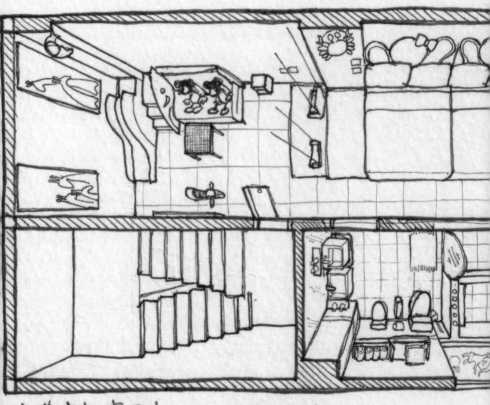

宜蘭童趣窩民宿．3F艾達貝兒房．

台灣，宜蘭，童趣窩民宿

感官體驗筆記
*note of sensory experience*

走得多慢都無所謂，只要你不停下腳步。
　　──藝術家 安迪・沃荷（Andy Warhol）

William 2021.3

## PART 5

行

開車有沒有美的存在？當然有，你開車的流暢程度，是蛇行、還是直行，對外頭看到你開車的人，或是鄰車的司機等，都會受到視覺所接收到的資訊而被刺激，接續當然會有種情緒上的反應。坐在車內的人，搭乘過程中，是覺得安穩又安心，還是覺得心驚膽跳，這都和你的開車技術有關。再者，你沿路選擇的風景為何，也是無論前往何處從事休閒活動時，影響整段體驗過程的重要因素，例如選擇林蔭大道、山明水秀的路線，還是選擇工廠林立、黑煙瀰漫，光是這兩種就會產生不同的情緒反應。再者，為何各式各樣車子要有造型？例如流線型的車子，流線與風的形式是不是相對更一致，讓你不自覺地感覺，流線型的車讓你看了情緒更愉悅。摩托車不也是，近年愈來愈多的gogoro的車體設計造型，也讓更多同時注重功能與美感的使用者下手。

　　另外，在路面上、海上、空中，不管搭乘任何一種交通工具時，也都是一種浸染自己從中獲得美的感受之機會。就像是上述提及搭車時看到的風景，海上也會看到美景，不過或許搭乘郵輪時，幾天內都會看到相似的景象，但從不同的時間、季節、氣候狀態，這一片美景也正展現著不同的樣貌。仔細看看，或許你會發現有很多平時看到的顏色、設計、藝術作品，靈

感的發想都是來自這些唷！最後，空中行動時，搭乘遠程航線的話，當然多半也是雲海的景象，不過起飛與下降時，也還是會因為看到不同的地區樣貌，帶來不同的心情。如果是短程的話，像是從美國西岸飛往東岸，你就可以從空中往下看，透過地貌上的線條、顏色、特定景物的多寡，了解到不同氣候類型帶來的不同地貌特徵，如此多樣化的視覺刺激饗宴，不只刺激著情緒，同時也與腦中的認知功能互動著，增進著自己的體驗。

台灣，摩托車

# 陸

　　陸上交通的多元性，其實就是一種牽扯到視覺上美感感受的重要元素，當然撇除車屁股的廢氣外，只要仔細地觀察，每一台車與車主穿著之間的連結、車的運行方式等，都可以讓我們從這些形式表面上，來去揣測這個車主的特質與喜好。尤其，還有像是也被稱為一種世界奇景的台灣摩托車瀑布。姑且不論因為各

## 美感速寫 *Aesthetic Sketches*

sight , hearing , touch , taste , and smell

式各樣款式顏色，加上騎士各色的安全帽、衣著，以
及某些和烏賊是親戚的車子在街景的視覺與味覺上，
形成「多樣化」、讓人眼花繚亂的景象；但是從休閒
角度而言，在舒適的氣候下，騎著摩托車於漂亮景
象、人少的地方兜風，除了讓視覺滿足外，觸覺上也
會獲得一種風吹的舒適感，兩者達到協調後的一種愉
悅感受。

此外，近幾年流行的單車，在這種
行動方式要獲得愉悅的感受，同上的情
境相比下，比較容易。不然，作為運
動，流完汗當然也是可以獲得這樣的感
覺啦！而單車，尤其是比較傳統造型顏
色的單車，加上上頭乘載著許多貨物
等，其實也會讓人看到時感受到一種回
到過去的復古感，往往是展現台灣復古
懷舊元素時，重要的視覺刺激物。

美感速寫 *Aesthetic Sketches*

台灣，大稻埕，好事花生單車

羅東林業文化園區
8號蒸汽火機車
Steam Locomotive
William
2020.2.1

台灣，宜蘭，羅東林業文化園區，8號蒸汽火機車

　　最後，像是台灣與日本的火車，也都附有時代背景上的感官傳遞，包括車身造型、內裝配置、甚至火車車長的造型制服等，其實光是觀賞舊時代火車，也已經成為許多人休閒時的主題景點之一。踏上觀賞火車的那一刻，彷彿時空穿越，也是一種新舊時代對比轉換後，所帶來的情緒感受上的差異。

日本，大阪，日根野平交道

## 美感速寫 Aesthetic Sketches

台灣・台中火車站

## 感官體驗筆記 *note of sensory experience*

sight, hearing, touch, taste, and smell

三輪車

　　因此，路上運行的交通工具，無論是自己開、自己
騎、搭乘，又或者僅是入內觀賞，其實只要仔細地觀
察、鑽研、感受，都是奠定自己提升多元美感體驗的
機會。

小 貨 車

## 美感速寫 *Aesthetic Sketches*

# 海

　　近年新型態的休閒活動方式 —— 郵輪，帶領著大家把休閒活動移到海上去進行。當然，郵輪上各式各樣的活動，包括看電影、博弈、游泳、高爾夫等都具備了，只是換了讓旅客休閒的場域。當然，也會有下船的時間，讓旅客的整個活動更加多元，同時也滿足原本船的運送本質。多元變化性，其實一直是人的美感上一種難以避免的特質。不然，為何整個社會一直強調創新創意，新意會更有機會讓人眼睛為之一亮，變化才不會讓人感到無趣。就像前述提及，過往搭船時多半面對的就是不變的海景，除非時間、氣候等變化，你才能獲得不同的感受；然而，如同現行郵輪上提供各式休閒活動與服務，遊客

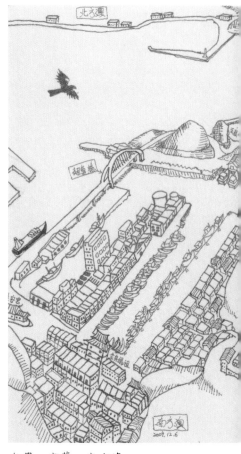

台灣，宜蘭，南方澳

感官體驗筆記
*note of sensory experience*

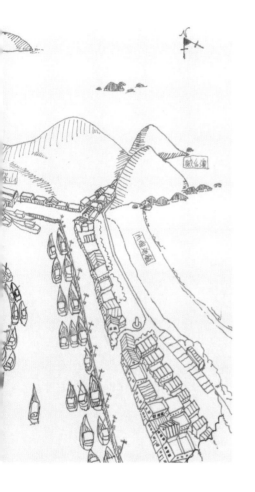

就有更多的選擇與感官上的刺激、情緒上的波動,加上這些活動平時只能在陸上進行,這樣一種與平時習慣對比情況下,就產生了新意,並且留下回憶。

　　回到傳統海運一事,除了搭乘時海浪高低起伏、平靜等帶來體感上不同感受外,當然在船上看著海洋的遼闊,以及與天連成一線,這種量大、寬廣的形式帶來的美感,加上海水的氣味,是認知中的那種海水氣味,相互協調,給人一種心曠神怡的感受。這也是為何很多香水會用海洋香氣,帶給人情緒的連結感受。除了在船上外,晴天在海邊觀賞著船隻,平靜且遼闊的海上漂泊、作業等,會給人一種正向且愉悅的心情。

不過，當天色昏暗，各式顏色都相對不再那麼明顯時，海浪又大，這時這樣的景象，又會給人不同的心情，就如同以下的圖片中，黑白兩色帶出明顯的對比，大幅度的海浪，除了燃起一種令人擔心的情緒，同時展現出一種孤獨的感受。

香港，南丫島碼頭

香港‧中環碼頭候船室一角

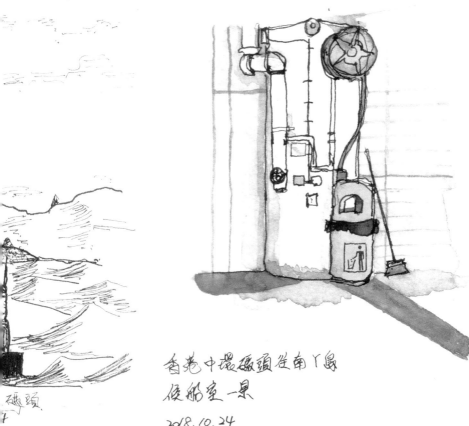

香港中環碼頭往南丫島
候船室一景

2018.10.24

碼頭

台灣・桃園・竹圍漁港

桃園 竹圍海邊 2019.7.14

粉鳥林漁港・宜蘭
2018.6.2.

台灣，宜蘭，南澳粉鳥林漁港，勝利99號

## 美感速寫 *Aesthetic Sketches*

# 空

空中運行時，除了前述提及窗外的風景外，當飛上空中時，人類感官感受會相對較不敏銳。除了盡量提供美味的餐點外，先前英國航空使用過就餐音樂與餐食的搭配，企圖能提升整體的美感體驗，讓乘客留下更美好的搭乘體驗。不過，視覺部分的美的傳遞仍是不能少，例如機艙內的設計、機體外觀、機尾翼上的圖騰或Logo、乘務人員的制服、妝容、表情、動作等，都是在傳遞美的感受，尤其，這也是形塑其企業識別的重要環節。

當然，機場也是個重要地標，機場內外的景觀景緻、設計所傳遞出來的視覺感官，除了是否能讓人容易辨識的功用外，同樣也會帶來難忘的回憶。畢竟，機場就是初次到訪旅客的第一印象，就跟新生兒第一次見到的是母親一樣，那個回憶將會是非常深刻且難忘的。

2019.1.28 安大略机场

美國・Los Angeles・Ontario 機場

感官體驗筆記 *note of sensory experience*

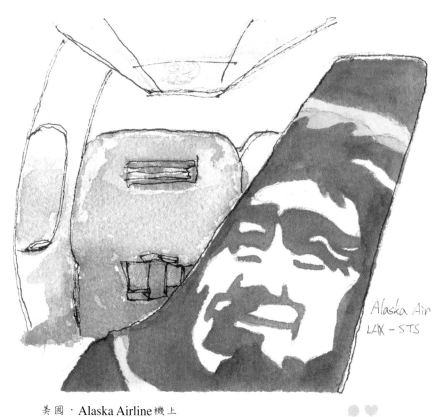

Alaska Air
LAX - STS

美國，Alaska Airline 機上

sight, hearing, touch, taste, and smell

香港，機場

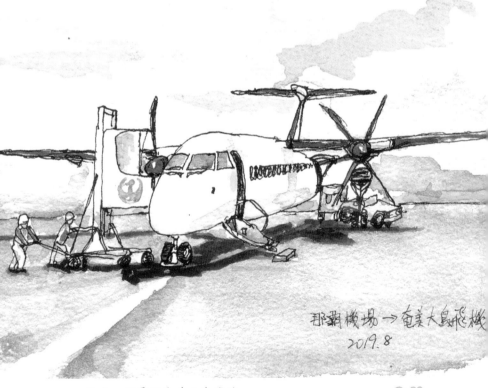

那霸機場 → 奄美大島飛機
2019.8

日本，那霸往奄美大島飛機

北京→香港→台北
香港机场4号登机門
CX522                    2018.1.26

# 育 & 樂

生活的奧祕存在於藝術之中。
——作家 王爾德（Oscar Wilde）

## PART 6

休閒、放輕鬆時，沉下心境最有機會體會什麼是美。美學也是一種教育與娛樂時，非常重要、需要考量的內涵。例如前往美術館、博物館時，浸染於具有高度美學素養、卓越技術，同時也融合時代歷史脈絡背景的各式藝術品中，從外在的形式到詳細了解其創作背景脈絡，再往內在反思，整個一連串的審美鑑賞的過程，就是美育中重要累積美感的方式。

　　再者，依照日常生活美學中的觀點，其實我們所處環境中的各式各樣建築、物品、設施、設備、人等等，也都是一種文化的表現。這些人文的表現從表面的形式，直至其形成的脈絡與內涵的意義，也都是提供我們從觀察感受中，從美的觀點往下探究更深層的文化內涵的機會。

　　另一方面，自然的存在自古至今，往往也驅動著部分人文的產出，或是美的根源，例如：2016年Pantone年度代表色玫瑰石英（Rose Quartz）和寧靜粉藍（Serenity）。這兩種顏色，有興趣去搜尋看看，並且偶爾注意一下天空，或許你會發現有時就出現在你的頭上喔！再者，許多人類常用來進行視覺創作與設計的圖形或構圖等，也常常是來自自然界的。而且，往往這些圖形就會自然而然帶給我們既定的意義。例如看到雲的圖形時，你自然會想到漂浮、輕盈、無所不

在等意思於其中。所以，過往常常有人望著天空，不要認為別人在發呆，或許她／他正欣賞著自己腦中創造出的故事。再者，從自然界來的聲音，也常常會讓人感受到不同的情緒，例如前面提過的海浪聲、雨水聲、樹林中的風聲、雨滴聲等，往往是形成許多美好的音樂過程中的重要元素。

回到都會中，許多都市裡頭的育樂形式，透過多種人造的設計而形成。這些人造設計當然也有部分元素如同上述所言，是來自各式自然界或是文化下的形式元素，仔細探索，而不只是注重其功能，你自然而然也會注意到美。

最後，從前面到現在，多半我們講的都是被動地接受他人設計提供或是大自然給予的美感刺激，然後我們是以一種鑑賞的方式來感受它、體會它並且做出我們的判斷或是留下我們的回憶。不過，在休閒中要獲得美感的話，除了鑑賞外，加上一點產出與創作，也會更加提升自己於休閒時獲得的美感經驗。就像本書透過作者文永的速寫創作作為重要的視覺呈現主軸一樣，透過休閒放鬆過程中，感受後再加上進一步透過動手把自己感受的人事物予以轉譯成為自己觀點的作品，你將獲得更多更深刻的體驗，同時也多一份自己創作的累積。

# 美術館、博物館及藝術品

　　過往探討美學時，黑格爾認為的美，是藝術之美。的確，迄今若要比較「精準」地提升自己的美感，逛逛博物館、美術館，確實是一件比較有效率的事情。美術館中多半都是來自西方傳統美學中認定的美──「視覺、聽覺藝術」的展品，而且這些展品多半也來自於擁有豐厚藝術學習與實踐經歷、了解美學為何物的藝術家及大師們的作品，因此的確是比較能從中快速且相對精準地達到視聽兩種感官美感經驗累積與提升之目的。休閒活動中，人們希望釋放平時工作的辛勞，尤其當代人的心理情緒壓力又更甚以往，透過美的事物的刺激，促進個體獲得愉悅感，確實可以達到紓壓與釋放的效果。另外，在博物館、美術館之行的洗禮下，若能仔細「閱讀」作品，甚至進一步搜尋更詳細的資料以了解作品，更能促使這樣的休閒活動，達到知性之旅的境界，提升自身知識與視聽敏銳度。

　　另外，許多博物館、美術館本身的建築體、周圍環境，也傳遞出許多令人心情愉悅的設計，像是下圖中位於美國加州舊金山（San Francisco）的藝術宮（Fine Arts Palace），建築體設計的靈感來自古希

美國・San Francisco・Fine Arts Palace

美感速寫 Aesthetic Sketches

臘羅馬的仿廢墟建築。周遭環繞的人工湖，將壯麗的藝術宮複製倒映於湖面上，彷彿鏡子般將美好的藝術品再次重製，帶給人們多一層次美好的感受。而且許多美術館的建築物，還傳遞著歷史、文化、社會的遺跡，台灣的新竹市立美術館就是其中一個範例。身為日治時期新竹市役所，因此建築風格係由日本建築師帶入台灣，而且日治初期，台灣許多公共建築物風格會以歐式古典建築風格為基底，其中主要採用英國維多利亞式的磚造建築，另外採用羅馬拱門設計、日式傳統屋瓦，加上常常被台灣建築大量使用的紅磚，形成了融合性的建築風格。所以，在新竹市美術館可以看到歷史的遺跡、多國文化文明的呈現，再加上多元人文藝術展演，除了從五感去接受到當下各式各樣美的刺激元素外，同時在一個佇立數十年，陪伴台灣經歷不同的社會樣貌、時代變化等空間中，或許發揮多一點想像力，也能達到一種如同穿越劇般，暫時讓自身進入幻想世界中，回到過去，一同經歷從日治時期至今的台灣吧！

竹市市立美術館
2018. 12. 2

台灣，新竹，市立美術館

美感速寫 *Aesthetic Sketches*

GRIFFITH OBSERVATORY
2019. 2. 4

美國，Los Angeles，Griffith Observatory

感官體驗筆記
*note of sensory experience*

台灣，台北，國立歷史博物館

感官體驗筆記 *note of sensory experience*

Eight Feline Heads
@ Getty Villa. LA
2019. 2. 2

美國 · Los Angeles · Getty Villa 博物館

sight, hearing, touch, taste, and smell

台灣，台南，奇美博物館

感官體驗筆記 *note of sensory experience*

台南..奇美博物館
2020. 1. 24.

sight, hearing, touch, taste, and smell

育 & 樂　115

有別專注於美的事物，更多歷史、時間的呈現於博物館裡，可讓我們透過不同古物的呈現，觀賞了解不同時代、年代的人的美感、審美價值觀為何，同時也可以嘗試從中找到自己喜歡的風格與特色。畢竟，當代流行的不代表最適合你自己。從博物館文物中，你也可以找到與過往人類美感間的共鳴與對話，甚至從各種不同時代、背景、樣貌等美的形式中，找到最適合自己的那一種美的價值觀。

　　另外，從博物館館藏中，無論是路線的安排、展區的規劃，你也可以進入一種「浸入」的感受。策展人進行展間規劃時，會依照主題、風格進行劃分，不同的主題展品會搭配不同的展覽風格，讓觀展者走進之後，瞬間好像進入另一種時空背景一樣。像是現代有愈來愈多科技展現古代文物的做法，重點就是希望觀賞的人，從中更能從視覺、聽覺感官，嘗試進入該展品當下的時空背景，除了讓你從美的角度觀賞外，同時也能讓你從中得到更多與展品本身相關，並與當時的時空背景有關的內涵、意義、資訊與知識等。參觀博物館的確是一種在進行休閒活動時，很能帶給每一位參觀者，除了情緒上的變化外，還有知識提升，甚至達到反思效果的美感體驗之旅。

台灣，台南，奇美博物館

無論是美術館、博物館或是城市中的街區，往往也都會看到許多雕刻藝術的表現，像是最著名的奧古斯特・羅丹（Auguste Rodin）的沉思者（The Thinker），或是草間彌生的點點南瓜等。雕像類的藝術品或是公共藝術，往往在城市、鄉村或是各式各樣的環境中出現。有時作為一種地標而作用，有時作為一美化空間用途等等，若是城市空間中有一座雕塑，非常值得每一位路過的民眾，仔細地環繞它、觀察它，觀察其線條、觀察其材質、觀察天氣時空在其身上留下的痕跡等等，邊觀察邊反思，相信能帶給你自己對於人生、世界、社會的不同見解。

**美感速寫** *Aesthetic Sketcher*

The Thinker by Rodin

02/07/2019

William

美國 · San Francisco · Fine Arts Museum of San Francisco · The Thinker

日本，直島，草間彌生，紅&黃南瓜

直島 2017.12.3
草間彌生的紅南瓜

## 感官體驗筆記 *note of sensory experience*

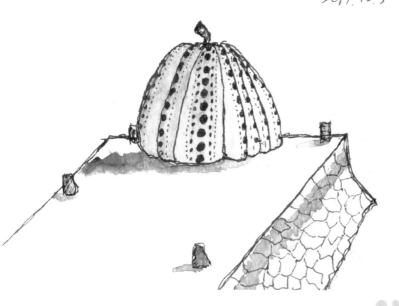

釀.草間彌生的黃南瓜

2017. 12. 3

sight, hearing, touch, taste, and smell

台灣，台中，演武場，石貓頭鷹

中.刑務所 演武場
19'8.

感官體驗筆記
note of sensory experience
···········································

# 人文

　　人文之美常常就是透過藝術品、禮儀、器皿、習慣等人類綜合活動留下來的物質與非物質的遺跡。當然有些過往的文化會隨著時代變遷進行改變，不過當變化了一段時間後，人類又會反過頭來懷念過往的美好，再次復刻過往的事物等等。然而，這一連串不斷經歷、新創、反思、再創新等過程產生出來的人文之美，有部分就會放置於上述提及的博物館中，讓後代人們有機會體驗不同時代的樣貌。不過，欣賞人文之美絕非僅從表面去觀察而已，因為在每樣物體表面形式之下，都在展現著當時人們的習慣、偏好或價值觀等等。例如：在當代台灣美學元素中，鐵皮屋、飽和度很高的廣告招牌等絕對是非常讓人有記憶點的，而這兩樣物品一個是能遮風避雨，另一個是能更有效率地達到廣告效果，都是以功能性考量為主。但是和環境之間的協調性如何，相信多數人是存在比較有疑慮的想法的，這是比較考量個體利益的一個結果。不過，這就是人類創造出來的產物，並沒有好壞，只是少了一些與環境協調美之考量。然而，未來的人們只要看到各處的鐵皮屋、招牌裡塞得滿滿的大字、使用非常飽和的顏色與非常強烈燈光的招牌，就會聯想到

這個時間點的台灣。人文美學上的考量，內涵元素非常複雜與繁複，不過從休閒活動過程中，觀察所有人造物，反思客體給你的美感感受，並且思考其背後理由，絕對也是一種提升自我美感經驗，延伸自我反思的最佳美學素養提升的機會。

國立臺灣博物館
2019. 2. 28

台灣，台北，國立台灣博物館

從建築來看人文之美時,也可以挖掘到許多不同時代的美學。建築本來就是傳統美學會去探究的重要客體,畢竟身為人類遮風避雨的重要客體,同時也是鄉村、城市中展現人文素質、提升環境獨特性,同時也須考量整體環境融入性的重要物件。(過往歷史的

香港尖沙咀鐘樓
2018.10.12

香港‧尖沙咀鐘樓

重要事件，像是巴黎鐵塔以及羅浮宮貝聿銘建造的金字塔等，這些現在已是重要法國地標的建築物，也曾是法國人口中「環境中的怪獸」呢！）建築存在我們的生活環境中，特地為了休閒活動，觀賞各式建築之美，的確也是一種有益身心，獲得美感的活動。如同前面所提及的，畢竟建築體環繞著我們，在我們上班、上學、出門散步等過程中，總是有眾多建築體環繞著我們。所以把握著每個時刻，看看身邊的建築也是提升我們美感經驗的好方式。不過，當然也有許多不符合美的形式原則存在城市中，但是這也是一個很好的練習自己審美判斷力的時機，你可以問自己：「為何這棟建築物讓你感覺到美？」「為何這棟建築物並不對稱，你卻覺得她美？」等等。

## 美感速寫 *Aesthetic Sketches*

整個城市與地方通常融合了眾多建築集結而成，不但形成地景，也形成了一個特定的氛圍。例如台北市的大稻埕，裡頭各式各樣的建築包括像是有寺廟、洋化的樓房、古厝等，由大稻埕外進入內部，也是一種從當代建物轉移到歷史建物中，瞬間形塑成為一種異質空間。

大稻埕. 霞海城隍廟香爐
2019. 10. 26

台灣，台北，大稻埕，霞海城隍廟香爐

## 美感速寫 Aesthetic Sketches

台灣‧台中‧台中市役所

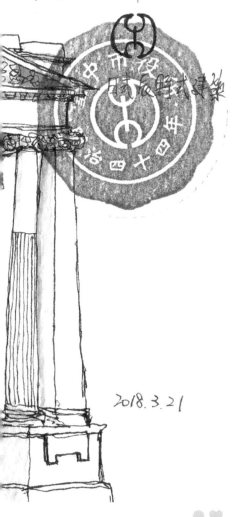

中 市 役 所
明治四十四年

2018. 3. 21

台灣，台中，霧峰萊園一景

# 美感速寫 *Aesthetic Sketches*

台灣，台中，台中公園，湖心亭

霧峰 萊園 入口
2019. 2. 24

台灣，台中，霧峰萊園

台中公園.湖心亭. 2020.2.23 園

美感速寫 *Aesthetic Sketches*

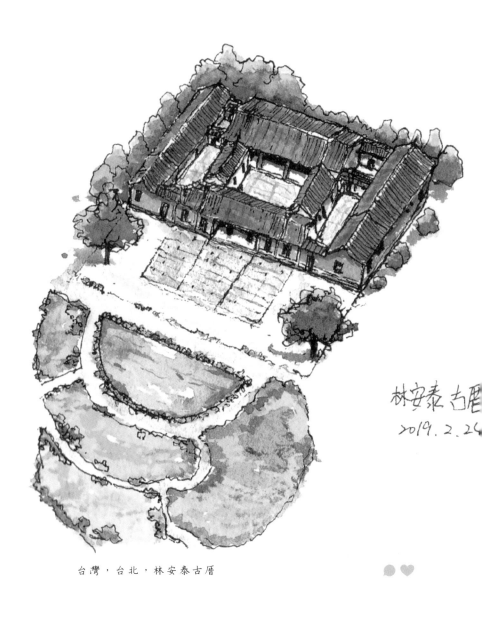

林安泰 古厝
2019. 2. 24

台灣・台北・林安泰古厝

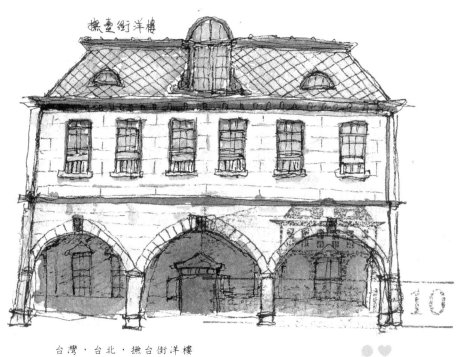

台灣，台北，撫台街洋樓

## 美感速寫 Aesthetic Sketches

北門 2019.2.28

台灣‧台北‧北門

感官體驗筆記 *note of sensory experience*

sight, hearing, touch, taste, and smell

Tony Stark Buiding in Ho Chi Ming City

有高空作業員在上面工作!

William
2018. 4. 14

越南‧胡志明市‧Bitexco 金融塔

越南，胡志明市，咖啡公寓

San Francisco View from Fort Baker

美國‧San Francisco‧Golden Gate Bridge

感官體驗筆記 *note of sensory experience*

sight, hearing, touch, taste, and smell

2009.4.11 台灣極北富貴角燈塔
萬里無雲

25°N

台灣，新北，富貴角燈塔

# 美感速寫 *Aesthetic Sketches*

台中刑務所演武場
2019.8.11

台灣‧台中‧刑務所演武場

台中文學館 2019.4.25

台灣，台中，文學館

感官體驗筆記
*note of sensory experience*

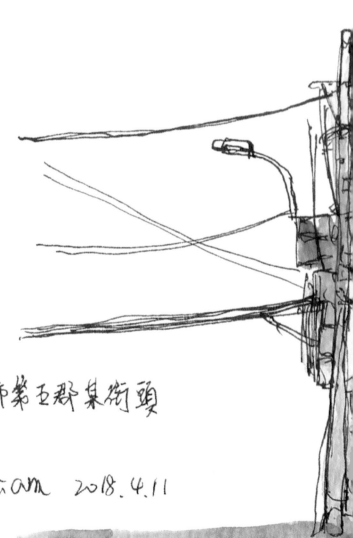

胡志明市第五郡某街頭

William 2018.4.11

越南，胡志明市第五郡街頭

# 美感速寫 *Aesthetic Sketches*

美國 · Santa Rosa · Roberta's House

文永 William 2019.2.8

William 2019.5.7

中國・福州・某小巷

美感速寫 *Aesthetic Sketches*

礁溪. 柴圍佃圳制水門

William 2020.7.5

台灣，宜蘭，礁溪柴圍佃圳制水門

宜蘭. 蘇澳. 永泰煤氣行. 2020.4.18

台灣，宜蘭，蘇澳煤氣行

宜蘭. 蔥仔寮農場外農田景

Lilham
2019. 4. 20

台灣，宜蘭，蔥仔寮外農田

美感速寫 *Aesthetic Sketches*

由眾多特定時間點的建築設計產物，形成的一整體面貌的街區，營造出來此從事休閒活動的旅客，瞬間透過視覺感官以及整體空間氛圍達到一致與協調狀態下，彷彿進入不同時空背景，產生不同的心境。這些都是休閒活動中，透過人文延伸出的美，所可以達到的效果。

## 美感速寫 *Aesthetic Sketches*

大溪．富田花園農場
2019. 9. 17

台灣・大溪・富田花園農場

當然，許多他國文化的建築物也會讓你達到相似的效果，例如在西方國家看到中式街區與建築，會讓你燃起懷念家鄉的情緒；又或是在台灣見著阿拉伯皇宮建築，這些勢必也會透過外在視覺形式，讓你產生出一些好奇、驚喜的感受。

美感速寫 Aesthetic Sketches

阿拉伯皇宮‧頭城
2019. 7. 1

台灣，宜蘭，頭城阿拉伯皇宮

再者，像是當代許多文創園區也都是過往歷史建築所改造而成，有別於現代建築的建材、格局等形式，你一踏入其中，勢必也可以好好體會一下自己的感受。不一定是會獲得美的愉悅感，但是或許得到新奇、哀愁、懷舊等感受，也都是主體感官與客體物件間交互對話後，延伸出來的效果。

美感速寫 *Aesthetic Sketches*

台灣，台北，光點台北前美國大使館官邸

光點台北，前美國大使官邸

泉香茶行
清光緒六年

新竹寫生日 2018.10
中央路&平和街口

錦興金香行

台灣，新竹，泉香茶行街景

感官體驗筆記 note of sensory experience

鴨肉麵
鴨肉麵

旺旺の原夜市

HSINCHU 泉香茶行
#Mateusz_urbanowicz

2018.11.24

sight, hearing, touch, taste, and smell

Alcatraz Island
惡魔島

William
2019.2.7

美國‧San Francisco‧惡魔島

## 美感速寫 *Aesthetic Sketches*

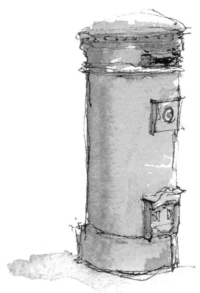

老郵筒 @ 臺北郵局
2019. 2. 28.

台灣，台北，台北郵局老郵筒

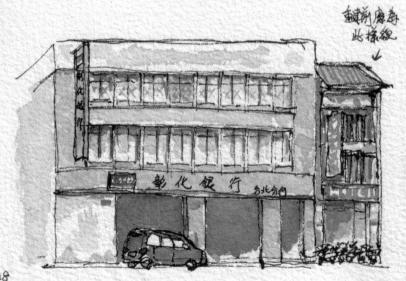

重慶南路 228 事件發生處. 現為彰銀.

彰銀前廊亦此樣貌↙

彰化銀行 台北分行

2019. 2. 28.

台灣，台北，重慶南路彰化銀行

胡志明市
媽祖廟
廣東人蓋的

Latham
2018. 4. 11

越南．胡志明市．媽祖廟

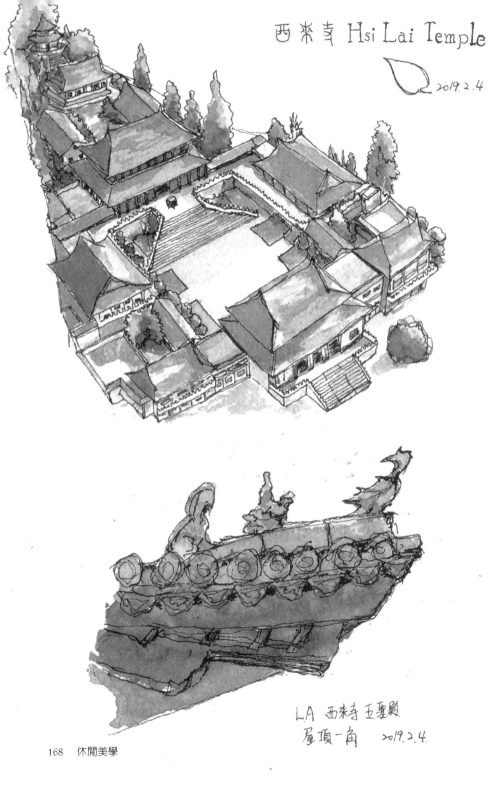

西来寺 Hsi Lai Temple

2019. 2. 4

LA 西来寺 玉聖殿
屋頂一角 2019. 2. 4.

sight, hearing, touch, taste, and smell

美國‧Los Angeles，西來寺

西來寺 L.A 2019.2.1

林安泰古厝
土地公廟
2019. 2 .16

台灣・台北・林安泰古厝小土地公廟

六角樓

台中 第二市場

2019.8.11

台灣・台中，第二市場六角樓

日本，奈良，法輪寺

糧法輪寺最畫 Nico
2019.10.27

台灣，台中，萬春宮

## 美感速寫 Aesthetic Sketches

龍山寺
2020.元旦

台灣，台北，龍山寺

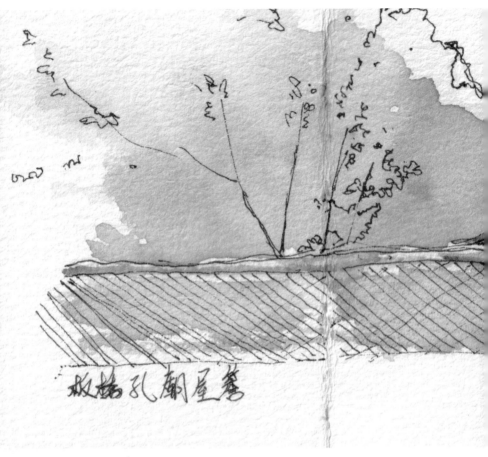

板橋 孔廟屋簷

台灣・板橋・孔廟

感官體驗筆記 note of sensory experience
·············································

William 2021. 1. 2

sight, hearing, touch, taste, and smell

最後，仔細一點端看建築體的細節部分，相信你所獲得的美感體驗會更上一層樓。例如廟宇裡頭的精緻雕刻，以及其所想要陳述的故事，只要願意多花時間先觀察其外表形式，或許會讓你回憶起許多小時候聽過的故事，又或是透過進一步找尋，讓你增長人文意義與論述能力，這都是從休閒中提升美學素養時可獲得的附加價值。

*台灣，台中，東海大學路思義教堂*

台中柳原長老教堂  2020.2.23

台灣‧台中‧柳原長老教堂

## 美感速寫 Aesthetic Sketches

台灣，金瓜石，十三層遺址

台灣，九份山城

sight, hearing, touch, taste, and smell

九份山城 2020.3.15

# 自 然

　　自然界絕對是我們去找尋最能符合康德無目的和目的性之美的來源，尤其人類許多與美相關的素材、原則多半都是來自從古至今與人類最常相處的自然界。例如，我們對於顏色的冷暖感受，紅色會想到火，是溫暖；藍色想到海，是寒冷。還有許多色彩學中，常見的配色方法，也多是來自於自然界的生物，例如鸚鵡螺的鄰近色配色法、番紅花的對比色等等。另外，最常被提及的美的形式原則，像是花朵的對稱生長就是人類對於美的形成時——對稱的重視，還有鸚鵡螺的黃金比例、海浪的重複性等等。所以只要靜靜在休閒過程中，仔細觀察著一草一木，或是動物樣貌、動態情況等等，聽著來自自然界的聲音、觸摸感受著自然界的草木土壤、聞

著自然界的氣味等等，其實就是最好的美感經驗。另外自然界的美，如果像是動物的部分，當然我們多半還是以去動物園觀賞為主。不過，同時也可以注意看看，許多動物的肢體動作、外表形狀紋路等等，也常常被應用在藝術與設計的表現上，有空來玩個連連看，看看你平時使用的人造物品中，哪些是透過自然界的生物所延伸發展出來的作品吧！

　　不過，切記，感受了就要去進一步透過認知上的學習，知道自己的感官感受了什麼，這樣才會成為下次進一步接觸以及要提升到不同美感層次時的養分，也就是形成記憶。否則，永遠都僅存在感官感受中，而不知道感受的是什麼，將會拖延整體的美感層次提升的速度。

台灣，宜蘭，梅花湖

梅花湖 2020.7.5
William

# 美感速寫 *Aesthetic Sketches*

新竹好時Brunch
10号桌下的棉花
2019. 1. 20

台灣．新竹，好時Brunch 棉花

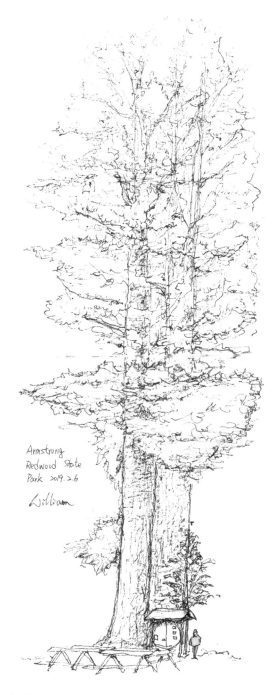

Armstrong
Redwood State
Park 2019.2.6
William

美國．California．Armstrong Redwood 州立公園

# 感官體驗筆記
*note of sensory experience*

seals at Jenner coast
2019. 2. 6

美國・California・Jenner 海岸海豹群

2019. 7. 12    台北青田街停車場大樹

台灣，台北，青田街停車場大樹

sight, hearing, touch, taste, and smell

2019.4.2

日本‧櫻花

台中大坑步道#7風動石

台灣，台中，大坑步道

感官體驗筆記
*note of sensory experience*

tham 2019.3.21

日本・富士山

感官體驗筆記
*note of sensory experience*

台灣，大溪，草泥馬

感官體驗筆記
note of sensory experience

日本・奄美大島・あやまる岬

sight, hearing, touch, taste, and smell

# 感官體驗筆記
*note of sensory experience*
......................................................

羅東林業文化園區。貯木池
William 2020.2.1

台灣・宜蘭，羅東林業文化園區，貯木池

龜山島日出海灘
2019.2.1

台灣，宜蘭，龜山島

孤峰獨秀等等閒

砥柱中流豈等閒

日月每從眉上過

乾坤祇在掌中山

台灣・玉山主峰

感官體驗筆記 *note of sensory experience*

台灣，桃園，大湖公園落羽松

sight, hearing, touch, taste, and smell

台灣・台中・審計新村

台中審計新
2019. 4. 2

## 美感速寫 *Aesthetic Sketches*

sight, hearing, touch, taste, and smell ▲ . . . . . . . .

# 都會型娛樂

　　都會型娛樂種類繁多，包括電影、KTV、演唱會、逛展、逛街，或是在家裡打電動、追劇、看書、聽音樂、從事園藝活動等。畢竟，隨著現代人忙碌的生活情況，能在最短交通距離達到休閒的效果，總是會有各式各樣的因應需求的產物出現。

　　不過，這些種種類型的休閒活動中，其實許多都還是包含美的成分的存在，像是看電影或是戲劇時，可以仔細注意一下。許多作品的畫面構圖，會有些類似處，像是三分構圖法、三角形構圖、對稱構圖等，這些構圖的原則，不但讓你覺得畫面上更有趣好看外，通常背後也會有些導演想要傳遞的情緒感受。健身房就更不用說，許多人上健身房是為了讓自己更美，人的美是一整體的，除了臉、頭髮，當然還有身形，甚至還有因為身體健康散發出來的好氣色等。延伸提到電玩部分，多數電玩的設計也考量到許多美學的成分，包括如何透過畫面、故事與聲音讓玩家感受到緊張與刺激；又或是畫面的畫風，對應到哪一種年齡層的玩家等等。再者，像是現代有許多感應式的遊戲，例如任天堂Switch中的一款跳舞遊戲Just Dance。雖然，讓手把Joy-Con對應到畫面舞蹈動作位置，即可得

分，但是整段舞蹈過程中，包括你的手指動作、畫圈弧度、身體扭動的弧度、腳的動作、整個身體的移動等等，都與美有關係。身體如何呈現出美的方式，可不是這麼容易就訓練出來，舞蹈的練習與學習，絕對是有幫助。

最後，逛街也是一種提升美感經驗的做法。像是法國許多廚藝學校課程中，也會將學生帶往當地的精品街，透過window shopping的方式，讓學生掌握當代時尚趨勢外，也可以透過一流品牌的櫥窗陳列，習得美感同時也找到靈感。

OPERA VIEW

LOUIS VUITTON

胡志明市歌劇院斜對面的 LV 大樓

越南，胡志明市，LV大樓夜景

Milram
018.4.10

感官體驗筆記
*note of sensory experience*

# 感官體驗筆記 *note of sensory experience*

台灣．台北．華山1914

華山
1914

2018.6.6

# 藝術創作

　　其實創作也是一種休閒活動時，可以達到並且更有效提升自己美學素養、美感經驗的方式。當然，如同本書作者文永的畫作，或是許軒的寫作，這都是提升自己美感經驗的好方式。在繪畫的過程中，必須更仔細觀察被畫的人與物的各式表面特徵，同時也要觀察其內涵，才能不只是畫出形式，而是畫出神韻；不過，用以表現的工具、材料、方式等，當然也是促成達到目標的重要手段。寫作也是，寫作的過程中，除了闡述故事外，用字遣詞、成語、各式字詞使用的適當性、想要表達出來的語氣與態度等，都是一種培養美學素養的方式。

美感速寫 *Aesthetic Sketches*

DANIEL
SMITH
Ultimate Mixing
Set of 15
U$ 75

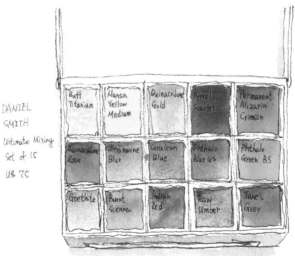

水彩．Holbein．Daniel Smith

當然，其他像是烹飪、插花、歌曲創作等等，對於不同的人來說，也都可能是一種讓自己放鬆的休閒活動。烹飪的過程，可以從中發現擺盤的重要性，以及如何布局菜餚、如何應用食材的顏色，讓人透過視覺上就能達到食指大動的狀態；當然還有氣味上的應用、口味上的斟酌、口感上的拿捏，以及最後各感官間的協調等，都是提升自己創造美的能力的重要環節；花藝當然也是，花材的選用、插花的流派與風格、作品將使用在哪些場域等，都是在訓練讓自己呈現出美的作品；歌曲創作當然就更不用說了，除了樂曲的旋律外，歌詞的搭配與欲傳遞的意境彼此是否協調與一致等，也都是一種與美相關的休閒活動。美學素養能力處處皆是，只是是否能意識到，並且除了感官感受外，也能用心去體會並學習，方能一點一滴建立起來。美除了日常生活外，休閒活動上的積累，更是讓自己不斷趨近完美的境界。

感官體驗筆記 *note of sensory experience*

台中 仁愛街. 2019. 8. 11

台灣，台中，陳彫刻處

文學家是以抽象化了的，即以觀念來表現自己。
但是畫家以素描和色彩把自己感覺和知覺到的具體化。
　　　　——畫家　保羅・塞尚（ *Paul Cézanne* ）

## PART 7

# 速寫技巧

by 曾文永

速寫顧名思義就是「快速的寫生」，配合當時的心情，用筆與紙將當下的情景抄寫下來。在相機、手機還沒有發明的過往年代，此法是藝術家、作家或創作者抒發心情、記錄當下的方法。講求速度及抽象記錄是速寫的特色，而且隨著每個人個性及速寫當下的心情不同，所塑造出的筆觸風格也各異其趣；雖然現在是個隨時隨處可用手機拍照的時代，但速寫這種古老又新潮的將人事物之美透過不同媒材傳遞出來的方式，更適合當今資訊量多且環境變化快速而讓人專注力下降的時代，讓你提升專注力，並且透過沉浸於觀察讓你感動的人事物，無壓力地提起筆來隨心畫畫，不但體會一下自己潦草的美感外，你也會發現記錄自己的體驗原來這麼容易。

　　一枝筆、一張紙便能開始展開你速寫的旅程，有空走一趟專門販賣各式工具的「美術社」便能找到許多方便的工具。「工欲善其事，必先利其器」，在此推薦初學者簡單的速寫包必備工具內容：

　　·黑筆：黑筆是速寫的骨架，一枝可以透過使用不同力道而畫出不同線條感及輪廓、同時防水的黑筆是速寫的必要物品。另外，使用代針筆、鋼筆也能畫出不同的筆觸，可以在現場寫寫畫畫看，透過你手的感受與嘗試，找到自己喜歡的粗細及筆款。我比較常用

的細黑筆筆款是Uni-ball eye 0.38mm ；另外，我也常用Uni-ball Air 特殊的筆頭，因為它可隨不同力道及角度以展現出素描的感覺，推薦給大家。再者，防水Waterproof / Fade-proof 則是為了之後水彩上色時，不會暈染開來，導致整幅畫髒掉，所以選購時也要特別注意一下。最後，速寫時嘗試不要使用鉛筆和橡皮擦，用破釜沉舟、且無壓力的心情，讓你的心帶動著手指律動寫意吧！

· 紙：紙是速寫的軀體，選擇一張適合的紙，對於展現你的速寫的風格樣貌，也會產生大大的影響。美術社有各種不同繪畫方式的適用紙，可依自己的繪畫型態選擇。不過，由於速寫多用水彩上色，在此建議使用水彩紙是最適合速寫的紙質。接著，可依自己喜好選擇紋路，如細紋、中粗紋、粗紋；或厚度磅數，如$200g/M^2$、$300g/M^2$。因為要隨身攜帶，所以建議可選明信片或180×125mm以內大小的水彩紙、以便享受能隨時隨地作畫的快活。

· 水彩：水彩是速寫的靈魂，因此當開始上色後，即便只是簡單地畫上陰影，都能瞬間為原來的黑色線稿注入靈魂。塊狀的透明水彩最適合隨身攜帶及使用，市面上有各種品牌及色彩組合；顏色愈多愈不需要動腦筋調色，但水彩這個畫材的特性就是可以將不同「個性」

的顏料相互組合，呈現出變化多端與豐富之美。考量到攜帶及行動性，我覺得12色盒裝塊狀水彩對初學者來說最剛好，盒裝的設計除了方便收納外，蓋子打開就能當作調色盤，讓速寫更加輕便與簡單。

‧水彩筆：水彩筆主要的差異在毛的材質，可分為尼龍毛與動物毛兩大類，差別是在水分的吸附與顏料的釋放程度，兩者各有千秋。尼龍毛做的「水筆」是方便攜帶的速寫用具之一，它的筆身可裝水，在要調色時，只要將水擠出，即可沾上水彩進行調色。換色時也只需要再擠水把筆毛上的顏料用衛生紙或布洗掉，即可再次使用，非常方便；而隨著速寫的人口增加，市面上也出現了旅行用的動物毛水彩筆，通常是兩截的組合式設計，方便速寫者攜帶。最後，筆毛的粗細及外型，就看自己常畫的圖案大小來決定，通常一枝水筆加上一枝動物毛的平筆大致上足以因應大多數的速寫主題了。

‧洗筆桶：如果要說水彩上色較不便利的地方，就是每次上色都需洗筆，將舊的顏料洗掉，再沾染新的顏色；水筆就是洗筆桶加上水彩筆的概念而成，但市面上也有方便攜帶的壓縮型洗筆桶。當然，你也可以用個小密封玻璃瓶裝水來取代，反正只要能達到徹底清洗水彩筆之效果即可。

．折疊畫板：如果你購買的不是畫本，而是單張單張的畫紙時，一個能支撐的折疊畫板，就是必備的工具了。你可以選購文具店裡賣的 0.5mm 塑膠板，並且依照需要的大小進行裁切。建議在裁切完自己所需大小後，接續中間再切一刀（不要切斷），以便對半收折。此法不但能增加畫板的面積，省錢、輕量又方便攜帶，可以試著做看看。

上列的速寫用具，都以能收納在一個小隨身包、方便隨身帶著走為原則。往後在旅行或是日常通勤中，若遇到觸動你心的人事物，便能提筆速寫，培養自己觀察美的能力，並且提升自己的美感經驗。

許多人喜歡用文字或照片記錄旅遊的點滴，藉由現代3C科技的進步，有更多人用影片做記錄，展現個人的旅遊休閒美學，文字可以鉅細靡遺地記錄旅程的點滴以及旅人的感受，照片可以重現旅途中的真實畫面，影音則是完整呈現當時的一舉一動與一言一行。而用畫筆寫遊記則結合了三者的優點，將旅途中的過程與感受連結在一起，從旅途的起點、沿途停留的景點、途中發生的小插曲，都可以用畫筆與文字記錄當時最真實的畫面與心情感受。

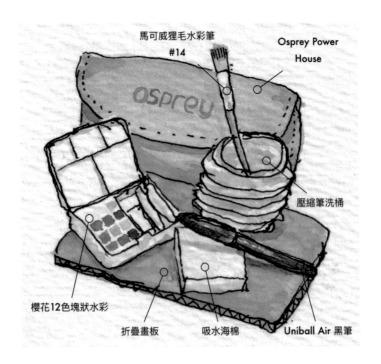

馬可威狸毛水彩筆 #14

Osprey Power House

osprey

壓縮筆洗桶

櫻花12色塊狀水彩

折疊畫板

吸水海棉

Uniball Air 黑筆

　　以下的旅遊地圖記錄了我2010年14天的美國行，從台灣到美國西岸加州，再橫跨美國西半部到美中的猶他州。速寫並不需要記錄每一天的流水帳，而是把旅途中難忘的時刻與景點做重點記錄，拼貼成一張完美的旅行地圖，透過速寫完整地呈現個人的美感，以及選擇與呈現美的方式。在畫畫的同時，也更專注於當時畫面的細節，更能激發出內心的感受，能強化這趟旅程的記憶與回憶，並且透過自己速寫後的作品，當成最具有個人特徵的伴手禮。

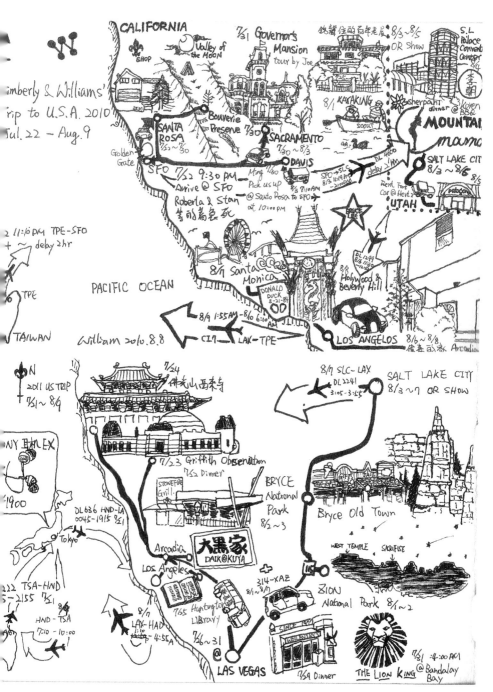

旅行地圖—美國行

2012.2.24
金門研訪

古寧頭

NQU

玉末一條根

金青

酒坊  模範街

得月樓

翟山坑道

旅行地圖—金門行

旅行地圖——箱根行

旅行地圖——越南胡志明市景觀地圖

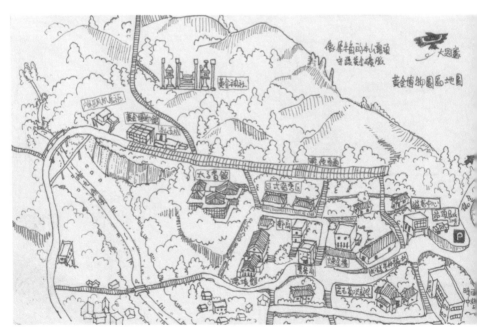

旅行地圖——金瓜石

購買具有當地意義的紀念品，是旅遊途中重要的一環，也許是一見鍾情的衝動性購買，也許是走過不容錯過的特有商品。越南過去曾是蒙上一層神祕面紗的共產國家，至今當地仍保有許多戰爭以及共產的文化遺跡，以下圖片中，象徵資本主義奢侈飲品 —— 星巴克的馬克杯，在曾是共產國家的越南即是一種反差對比的美；用輪胎做成的越共涼鞋，則是最能凸顯當地歷史文化的紀念品；男用香水雖然不屬於當地傳統紀念品，但回到家鄉，再次拿出並且嗅聞該香水香氣時，便能隨著味道讓自己回到旅遊當時的時空。用畫筆寫遊記不單是記錄美景與建築，令人感動難忘的紀念品或小物，更是隨手可以簡單速寫的題材。紀念品有用完、損壞或淘汰的一天，但若畫下來便是永恆的。

# 參考文獻

Bahrami-Ehsan, H., Mohammadi-Zarghan, S., & Atari, M. (2015). Aesthetic Judgment Style: Conceptualization and scale development. *International Journal of Arts, 5*(2), 33-39.

Biswas, D., Lund, K., & Szocs, C. (2018). Sounds like a healthy retail atmospheric strategy: Effects of ambient music and background noise on food sales. *Journal of the Academy of Marketing Science, 47*(1), 37-55.

Blijlevens, J., et al. (2017). The Aesthetic Pleasure in Design Scale: The development of a scale to measure aesthetic pleasure for designed artifacts. *Psychology of Aesthetics, Creativity, and the Arts, 11*(1): 86-98.

Graham, M. (1978). Health facilities: Color them caring. In Color in the Health Care Environment, Brian C. Pierman (Ed.), *Proceedings of a Special Workshop Held at the National Bureau of Standards, NBS Special Publication* (Vol. 516, pp. 9-12).

Horng, J.-S., & Hsu, H. (2020). A holistic aesthetic experience model: Creating a harmonious dining environment to increase customers' perceived pleasure.

*Journal of Hospitality and Tourism Management, 45,* 520 - 534.

Hosoya, G., et al. (2017). Mapping the conceptual domain of aesthetic emotion terms: A pile-sort study. *Psychology of Aesthetics, Creativity, and the Arts, 11*(4): 457-473.

Leder, H. and M. Nadal (2014). Ten years of a model of aesthetic appreciation and aesthetic judgments: The aesthetic episode - Developments and challenges in empirical aesthetics. *Br J Psychol, 105*(4): 443-464.

Pine, B. J., II, & Gilmore, J. H. (2011). *The Experience Economy.* Harvard Business Press.

Rozendaal, M. C., & Schifferstein, H. N. (2010). Pleasantness in bodily experience: A phenomenological inquiry. *International Journal of Design, 4*(2), 55-63. http://www.ijdesign.org/index.php/IJDesign/article/view/742/300

Running, C. A., Craig, B. A., & Mattes, R. D. (2015). Oleogustus: the unique taste of fat. *Chemical Senses, 40*(7), 507-516.

李佩璇（2014）。**圖解美學**。台北市：易博士出版社。

許軒與翁紹庭（譯）（2020）。**神經美食學：米其林主廚不告訴你的美味科學**（*Neurogastronomy*）（原作者：Gordon M. Shepherd）。台北市：五南。

許軒與崔爾雅（譯）（2020）。**日常生活美學：擁抱美感生活的5堂課**（*Everyday Aesthetics*）（原作者：Yuriko Saito）。台北市：五南。

陳琇玲（譯）（2019）。**構圖的祕密：一招萬用！輕鬆掌握色彩、形狀、平衡、明暗對比、視線引導，從此再也沒有「好像哪裡不對勁」的作品，繪畫、攝影、設計都適用**（*The Simple Secret to Better Painting: How to Immediately Improve Your Art with This One Rule of Composition*）（原作者: Greg Albert）。台北市：大牌出版。

蔣勳（2009）。**天地有大美：蔣勳和你談生活美學**（二版）。台北市：遠流。

國家圖書館出版品預行編目資料

休閒美學 ： 屬於您個人的旅遊速寫筆記 / 許
軒, 曾文永作. -- 初版. -- 臺北市 ： 五南
圖書出版股份有限公司, 2021.06
　　面 ； 公分
ISBN 978-986-522-757-9 (平裝)
1. 生活美學 2. 休閒活動
180　　　　　　　　　　　110006943

1Y2F

# 休閒美學——屬於您個人的旅遊速寫筆記

作　　者 ― 許軒　曾文永

插圖繪製 ― 曾文永

總 編 審 ― 陳美燕

責任編輯 ― 唐　筠

文字校對 ― 許馨尹　黃志誠

封面設計 ― 姚孝慈

發 行 人 ― 楊榮川

總 經 理 ― 楊士清

總 編 輯 ― 楊秀麗

副總編輯 ― 張毓芬

出 版 者 ― 五南圖書出版股份有限公司

地　　址：106台北市大安區和平東路二段339號4樓

電　　話：(02) 2705-5066　　傳　　真：(02) 2706-610

網　　址：https://www.wunan.com.tw

電子郵件：wunan@wunan.com.tw

劃撥帳號：01068953

戶　　名：五南圖書出版股份有限公司

法律顧問　林勝安律師事務所　林勝安律師

出版日期　2021年6月初版一刷

定　　價　新臺幣380元

# 五南線上學院

## 專業圖書NO.1的線上課程

## 五所不能，學習不南

☑專業師資

☑證照考試 ☑實用技能

## 線上課程老師募集中！

不論年齡大小、教育程度，
只要你在某個領域有過人的知識和經驗，
歡迎投稿，創造你的被動收入。

＊投稿請洽各編輯室

五南線上學院
https://www.wunan.com.tw/tch_home

# 經典永恆・名著常在

## 五十週年的獻禮 —— 經典名著文庫

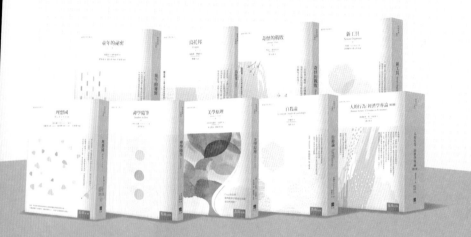

五南,五十年了,半個世紀,人生旅程的一大半,走過來了。

思索著,邁向百年的未來歷程,能為知識界、文化學術界作些什麼?

在速食文化的生態下,有什麼值得讓人雋永品味的?

代經典・當今名著,經過時間的洗禮,千錘百鍊,流傳至今,光芒耀人;

使我們能領悟前人的智慧,同時也增深加廣我們思考的深度與視野。

們決心投入巨資,有計畫的系統梳選,成立「經典名著文庫」,

望收入古今中外思想性的、充滿睿智與獨見的經典、名著。

這是一項理想性的、永續性的巨大出版工程。

眾寡,只考慮它的學術價值,力求完整展現先哲思想的軌跡;

啟一片智慧之窗,營造一座百花綻放的世界文明公園,

任君遨遊、取菁吸蜜、嘉惠學子!

歷

不

戟

示

不在意讀者

為知識界